Podcasting Eficaz
Elementos indispensables para el éxito

ALESSANDRO MAZZÙ

Podcasting Eficaz

Copyright © 2012 Alessandro Mazzù

Tutti i diritti riservati.

ISBN: 9798340736581

Imprint: Independently published

ÍNDICE

	Introducción	Pag. 2
1	Crea contenido de valor	Pag. 4
2	No descuides el audio	Pag. 8
3	Sé auténtico	Pag. 12
4	Mantente constante	Pag. 16
5	Escucha los comentarios	Pag. 20
6	Elige el nicho adecuado	Pag. 24
7	Experimenta con los formatos y la duración	Pag. 28
8	Promociona tu podcast	Pag. 32
9	Monetiza tu podcast	Pag. 36
10	Mantente actualizado	Pag. 40
11	Conclusión	Pag. 44

Podcasting Eficaz

INTRODUZIONE: PERCHÉ IL PODCASTING È UN'ARTE

El podcasting es un arte que va mucho más allá de simplemente presionar 'rec' y comenzar a hablar. Es una forma de comunicación profunda, íntima e inmersiva que te permite entrar en la vida de las personas de una manera que otras plataformas no pueden ofrecer. Piensa en esto: quienes te escuchan lo hacen en momentos muy personales y privados de su día. No eres solo una voz de fondo, te conviertes en una presencia constante que los acompaña en momentos de rutina: mientras conducen al trabajo, mientras corren en el parque, mientras preparan la cena o, quizás, mientras se relajan antes de dormir.

Esos momentos íntimos son especiales porque tu audiencia te permite entrar en sus vidas de una manera diferente a lo que haría con un video o una publicación en redes sociales. No necesitan detenerse para mirarte, no tienen que interrumpir lo que están haciendo: pueden continuar con su día mientras estás con ellos, de manera discreta pero constante. Y esa es la verdadera potencia del podcasting: crear una conexión auténtica, profunda y continua, sin invadir o abrumar.

Las voces que habitan este espacio, el mundo del podcasting, a menudo se convierten en más que simples narradores. Se transforman en compañeros de viaje, figuras de referencia, voces familiares que transmiten emociones, ideas, consejos o simplemente compañía. Es en esos momentos cuando se crea la magia, porque el podcast no es solo un contenedor de información, es un medio a través del cual se transmiten energía, empatía y humanidad.

Imagina tu podcast como una conversación, no una lección. El público no está ahí para aprender de ti de manera pasiva, sino para compartir una experiencia contigo. Quieren escuchar tu voz, no solo por lo que dices, sino por cómo lo dices. El tono, el ritmo, las pausas: todo contribuye a crear un vínculo emocional que puede ser poderoso y duradero. Cada palabra tiene el poder de crear un mundo, y cada episodio es una nueva oportunidad para construir una relación, un nuevo capítulo de esta historia compartida.

Pero, ¿qué hace que un podcast sea realmente exitoso? Claro, no hay una fórmula mágica. Cada podcast es diferente, como lo es cada podcaster. Sin embargo, hay elementos que se repiten en los mejores podcasts, características que todo creador de contenido, que sueña con dejar una huella, debe conocer y dominar. No estamos hablando solo de tecnicismos o herramientas. Hablamos de los aspectos más profundos, aquellos que marcan la diferencia entre un podcast que es olvidado y uno que permanece en el corazón y la mente de las personas.

El podcasting es un viaje, y como todo viaje, requiere preparación, dedicación y una visión clara de a dónde quieres llegar. No se trata solo de tener el micrófono correcto o de ser bueno hablando. Se trata de comprender la naturaleza del arte que estás creando, de ser consciente de que estás construyendo algo único que puede cambiar el día, o incluso la vida, de quien te escucha.

1. CREA CONTENUTI DI VALORE

El primer y más importante ingrediente para un podcast exitoso es el contenido. Podría parecer obvio, pero es precisamente en este punto donde muchos podcasters fracasan. Demasiadas veces se piensa que basta con hablar, llenar el tiempo con palabras y frases para crear un episodio, pero en realidad, este enfoque es un error común. Un podcast no es simplemente una secuencia de sonidos, es una oportunidad para ofrecer algo valioso a quienes te escuchan, ya sea una reflexión profunda, una risa o una información que realmente pueda marcar la diferencia en sus vidas.

Piensa en una conversación entre amigos: las discusiones vacías, sin sustancia, son aquellas que tiendes a olvidar. Las que te impactan, que recuerdas con agrado, son aquellas en las que tu interlocutor te dijo algo que te enriqueció, te hizo reflexionar o te inspiró de alguna manera. En el podcasting, se aplica el mismo principio. Cada palabra que dices debería tener un peso, un valor real, porque las personas que eligen escucharte están dedicando parte de su tiempo, a menudo muy valioso, a ti. Su tiempo merece respeto, y ese respeto se manifiesta en la forma en que preparas y transmites tu contenido.

El valor del contenido: darle forma y sustancia a tu mensaje

Cada episodio de tu podcast debería comenzar con una pregunta fundamental: "¿Cuál es el objetivo de este episodio?". ¿Quieres informar a tu audiencia sobre un tema en el que eres experto? ¿Quieres inspirarlos con historias personales o de éxito? ¿O tal vez simplemente deseas entretenerlos y ofrecer un momento de ligereza? Definir claramente el objetivo de cada episodio te ayudará a mantener el enfoque y a crear contenido coherente y valioso.

Pero no te detengas ahí. Pregúntate también: "¿Por qué mi audiencia debería escucharme?". Hoy en día existen miles de podcasts disponibles sobre cualquier tema imaginable. ¿Por qué deberían elegir el tuyo? La respuesta radica en el valor único que puedes ofrecer. Quizás sea tu estilo de narración, tu perspectiva personal sobre un tema o tu capacidad para hacer comprensibles conceptos complejos. Tu podcast debe ofrecer algo que los demás no ofrezcan o, si trata temas ya abordados por otros, debe hacerlo de una manera que resulte novedosa, fresca o más personal.

La importancia de la autenticidad en el contenido

La clave para crear contenido que resuene con la audiencia es la autenticidad. Cuando hablas de temas que te apasionan, que te involucran emocionalmente, el público lo percibe. No importa cuán técnico o detallado sea el tema, lo que realmente importa es la forma en que lo transmites. Si cuentas una historia que cambió tu vida o explicas cómo una experiencia específica te influyó, tu audiencia sentirá la energía detrás de tus palabras.

Es esa autenticidad la que crea una conexión. Las personas se conectan con las personas, no con la información. Si tratas un tema técnico, por ejemplo, no te limites a enumerar datos o estadísticas. Contextualiza la información, cuenta cómo esos elementos han tenido un impacto en ti o en alguien que conoces. Esto no solo hará que el episodio sea más interesante, sino que también ayudará a quienes te escuchan a ver el valor práctico de la información que compartes.

El poder de las historias en el podcasting

Una de las herramientas más poderosas a tu disposición para crear contenido atractivo es la narración. Contar una historia no es solo una forma de entretener, sino también una manera de darle vida a tu mensaje. Cuando las personas escuchan una historia, tienden a identificarse, a ponerse en el lugar de los protagonistas, a sentir las mismas emociones. Esto crea un vínculo emocional entre tú y tu audiencia, un vínculo que hace más fácil para ellos recordar e interiorizar lo que has dicho.

Supongamos que estás hablando sobre cómo organizar el día para ser más productivo. En lugar de limitarte a enumerar técnicas y estrategias, intenta incluir una anécdota personal. Puedes contar un período en el que tuviste que lidiar con una gestión desorganizada del tiempo: "Recuerdo una época en la que sentía que nunca tenía suficiente tiempo. Cada día era una lucha contra los plazos y mi productividad se veía afectada...". De esta manera, estás transformando un concepto abstracto en algo concreto y humano. Tu audiencia se verá reflejada en esa situación y será más propensa a escuchar con atención las soluciones que tienes para ofrecer.

La coherencia del mensaje

Otro aspecto importante del contenido es su coherencia. Cada episodio debería estar alineado con el tema y el estilo de tu podcast. Si un episodio es extremadamente técnico y el siguiente es demasiado ligero y superficial, el público podría quedar confundido y desorientado. La coherencia no significa que cada episodio deba ser igual al anterior, sino que haya un hilo conductor que una todos tus contenidos.

Mantener coherencia en el tono y en el mensaje ayuda a la audiencia a crear expectativas y a desarrollar confianza en tu podcast. Cuando escuchan tu programa, saben qué esperar, y esto aumenta la probabilidad de que regresen para escuchar futuros episodios. Además, un mensaje coherente refuerza tu marca y tu identidad como podcaster, haciendo que tu programa sea reconocible y distintivo.

La construcción de una relación con el público

El contenido no es solo una cuestión de información o entretenimiento, sino también de construcción de una relación. Cada palabra que pronuncias es una oportunidad para acercarte a tu audiencia, para crear un vínculo que vaya más allá de la simple escucha pasiva. La forma en que hablas, el tono de tu voz, las experiencias que compartes: todo contribuye a construir una relación de confianza y afecto con quienes te siguen. No te limites a hablarle al público, habla con el público. Haz preguntas, invita a los oyentes a reflexionar, y sobre todo, muéstrales que valoras su tiempo y su apoyo.

Dar valor: la clave del éxito

En última instancia, el éxito de tu podcast depende de tu capacidad para dar valor. Y dar valor significa escuchar, comprender las necesidades de tu audiencia y ofrecerles contenido que responda a esas necesidades. No importa cuán corto o largo sea tu episodio, lo que importa es que cada minuto sea significativo para quienes te escuchan.

Cada episodio debe estar construido con la intención de mejorar el día de tu audiencia, ya sea a través de información útil, historias envolventes o momentos de reflexión. Cuando logras dar valor de manera auténtica y coherente, tu público no solo seguirá escuchándote, sino que se sentirá parte de algo más grande, parte de una comunidad que has creado a través de tus palabras y tus contenidos.

Recuerda, el contenido es la columna vertebral de tu podcast. Sin contenido de calidad, todo lo demás pierde sentido. Planifica con cuidado, sé auténtico y siempre ofrece algo único y valioso a tu audiencia. Este es el secreto para un podcast que no solo se escucha, sino que se aprecia y se recuerda.

2. NON TRASCURARE L'AUDIO

El audio es el corazón del podcast, y si estás en el mundo del podcasting o estás pensando en adentrarte en él, este es un concepto que no puedes olvidar jamás. Puede que hayas escuchado este consejo innumerables veces, pero merece ser repetido: si tu audio es deficiente, incluso el mejor contenido no será escuchado. Puedes tener las ideas más brillantes, las historias más fascinantes o la información más valiosa, pero si tu audiencia tiene dificultades para oír claramente lo que dices, perderás rápidamente su atención.

Vivimos en una época en la que la atención del público está increíblemente fragmentada. La competencia para captar y mantener la atención de los oyentes es feroz. Un episodio de un podcast debe competir con miles de otros contenidos: desde videos en YouTube hasta publicaciones en redes sociales, programas de televisión y libros. El menor inconveniente técnico puede llevar a un oyente a cambiar de canal, y uno de los principales obstáculos es la calidad del audio.

El impacto de la calidad del audio en la experiencia de escucha

Es posible que a todos nos ocurra tener un episodio con algún ruido de fondo o quizás tener que grabar en condiciones no ideales. Y sí, el público puede ser indulgente, especialmente si se trata de un caso aislado. Pero si la baja calidad de audio se convierte en una constante, si tu podcast se caracteriza por sonidos distorsionados, niveles de audio demasiado bajos o ruidos molestos, la paciencia de los oyentes se agotará pronto. Hoy en día, el público tiene altas expectativas respecto a la calidad del sonido. Acostumbrados a contenidos profesionales y bien cuidados, los oyentes son menos propensos a tolerar defectos de audio prolongados.

Es importante comprender que el audio no es solo un vehículo para transmitir información, sino que también es parte integral de la experiencia emocional del oyente. Un audio limpio, claro y equilibrado crea una experiencia de escucha placentera, relajante e inmersiva. Por el contrario, un audio perturbado puede generar frustración, cansancio y, en última instancia, alejar a tu audiencia.

Cómo influye el audio en la conexión con el público

Imagina que estás escuchando un podcast mientras paseas o conduces. Estás inmerso en la historia que el anfitrión está contando, todo fluye de manera natural, hasta que el audio comienza a distorsionarse o el volumen baja repentinamente. En ese momento, toda la atención que tenías se interrumpe, y en lugar de concentrarte en el contenido, comienzas a enfocarte en la irritación que causa el mal audio. Quizás pones en pausa el episodio, diciéndote a ti mismo que lo retomarás más tarde. Y ya sabes lo que suele pasar: ese 'más tarde' nunca llega.

Esta es exactamente la clase de situación que un podcaster debe evitar. Un oyente que pausa un episodio es un oyente que puede que no regrese. En una época en la que la oferta de contenidos es infinita y la competencia es alta, basta con un pequeño obstáculo para que alguien deje de seguir un programa y busque otro. Por esta razón, la calidad del audio nunca debe ser una práctica descuidada. No importa cuán bueno sea tu contenido, si no es agradable de escuchar, no será escuchado.

Invertir en equipo de calidad: un paso esencial

A menudo se piensa que para obtener una calidad de audio decente es necesario disponer de un estudio profesional y de equipos costosos. Pero esto no es cierto. No es necesario gastar una fortuna para obtener un buen audio, pero sí es importante hacer algunas inversiones inteligentes que traerán mejoras significativas. Uno de los aspectos fundamentales es el entorno en el que grabas. Incluso sin un estudio profesional, puedes mejorar drásticamente la calidad del sonido tratando acústicamente tu habitación. Hay métodos económicos, como el uso de paneles fonoabsorbentes portátiles, cortinas gruesas o alfombras para reducir el eco. El tratamiento acústico ayuda a eliminar los reflejos del sonido y los ruidos no deseados, haciendo que tu voz suene más clara y natural.

La importancia de un buen micrófono y de una interfaz de audio

Una de las inversiones más importantes es sin duda el micrófono. Un micrófono de calidad hace una gran diferencia, no solo en la forma en que se capta tu voz, sino también en la cantidad de edición necesaria posteriormente. Los micrófonos de baja gama pueden hacer que tu voz suene lejana, plana o metálica, lo que requerirá mucho más trabajo en la postproducción para mejorar el sonido. Un buen micrófono puede, en cambio, capturar tu voz de manera más natural y con menos ruido de fondo, ahorrándote horas de edición.

Asegúrate también de utilizar una buena interfaz de audio. Nuevamente, no es necesario adquirir un dispositivo de gama alta, pero contar con una interfaz confiable te permitirá obtener una grabación limpia y sin ruidos de fondo.

El rol del monitoreo y la edición

Antes de comenzar a grabar, siempre haz algunas pruebas. El monitoreo en tiempo real durante la grabación te permite detectar problemas de audio antes de que se vuelvan irreversibles. Esto significa usar audífonos de estudio mientras grabas, para escuchar exactamente cómo suena tu voz y verificar posibles interferencias o ruidos de fondo. Escuchar en tiempo real te ayudará a hacer las correcciones necesarias en el momento y evitar descubrir problemas solo durante la fase de edición.

Una grabación bien hecha no solo mejora la experiencia de escucha de tu público, sino que también reduce considerablemente el tiempo de edición. Si grabas en condiciones óptimas, no tendrás que pasar horas limpiando el archivo de audio, eliminando ruidos no deseados o equilibrando los niveles de sonido. La edición seguirá siendo una fase importante, por supuesto, pero no será un proceso tedioso y frustrante. Esto te ahorrará tiempo valioso que podrás invertir en la creación de nuevos contenidos o en mejorar otras áreas de tu podcast.

La calidad del audio como muestra de respeto hacia el público

Finalmente, piensa en la calidad del audio como una demostración de respeto hacia tu audiencia. Quienes te escuchan dedican su valioso tiempo a ti, tiempo que podrían estar empleando en otras mil cosas. Ofrecerles un audio de calidad significa demostrar que valoras su tiempo y que te esfuerzas por hacer que su experiencia de escucha sea lo más placentera posible. Un audio limpio, claro y bien cuidado crea una relación de confianza con tu público. Demuestra que tomas tu trabajo en serio y que te importa su experiencia.

En conclusión, el audio es realmente el corazón de un podcast. Si hay algo en lo que no puedes permitirte ahorrar es en la calidad del sonido. No se trata solo de invertir en mejores equipos, sino también de comprender la importancia de grabar en un entorno adecuado, de monitorear en tiempo real y de realizar una edición cuidadosa. Con un audio de calidad, tu podcast no solo será escuchado, sino que será apreciado, recordado y, sobre todo, seguido fielmente con el tiempo.

3. SII AUTENTICO

Un podcast no es solo una secuencia de palabras bien organizadas, no es solo una transmisión de información. Es la manera en que se pronuncian las palabras, la entonación que usas, la pasión que transmites a través de tu voz y, sobre todo, tu presencia real y sincera, que puede surgir incluso del discurso más simple. En un mundo dominado por contenidos prefabricados y perfeccionados hasta la obsesión, lo que realmente destaca, lo que realmente atrae y mantiene la atención del público, es la autenticidad.

Cuando se comienza en el mundo del podcasting, muchos temen no ser lo suficientemente interesantes o cometer errores. Es fácil caer en la trampa del perfeccionismo: pensar que para parecer profesional y competente es necesario seguir un guion al pie de la letra, evitar cualquier tropiezo, cualquier duda. Pero el secreto del podcasting es que la gente no quiere escuchar a personas perfectas, quiere escuchar a personas reales. Quiere sentir tu humanidad, tu calidez, tus emociones. Y aquí es donde reside la magia: tu imperfección es lo que te hace interesante y memorable.

Ser auténtico no significa improvisar o hablar sin preparación, sino hablar con el corazón. Puedes preparar un guion, puedes tener un esquema, pero la forma en que transmites ese mensaje es lo que realmente importa. El público no está buscando un discurso perfecto o impecable, sino a alguien con quien conectarse, alguien que pueda hacerles sentir menos solos, que pueda acompañarlos y hacer que su tiempo sea más rico y más significativo. Las personas quieren escuchar voces que reflejen sinceridad y pasión, no robots que lean frases sin emoción.

El miedo a ser uno mismo

Uno de los mayores temores de quienes se acercan al mundo del podcasting es precisamente el de no ser 'suficientes'. Tenemos miedo de que nuestra voz no sea lo suficientemente interesante, de que nuestras historias no sean lo suficientemente cautivadoras, de que nuestros pensamientos no estén a la altura de las expectativas. Esta inseguridad a menudo lleva a ponerse una máscara, a tratar de emular a quienes han tenido éxito antes que nosotros o a seguir rígidamente un guion. Pero la verdad es que las personas se conectan más fácilmente con la imperfección que con la perfección.

¿Qué sucede cuando cometes un error mientras hablas? Tu primera reacción puede ser cortar esa parte, volver a empezar. Pero detente un momento y piensa: tal vez ese momento de vulnerabilidad sea exactamente lo que haga memorable tu episodio. Reírte de ti mismo, admitir un error o hacer una pausa para reflexionar no te hace menos profesional. De hecho, demuestra a tu público que eres humano, que tú también enfrentas los mismos errores y dudas que todos enfrentan diariamente. Esto te hace más accesible, más cercano.

La importancia de las emociones

Las emociones son el corazón de un podcast. Si hablas con pasión, tu público lo sentirá. Si cuentas una historia que te tocó profundamente, quienes te escuchan también se conmoverán. Pero si te limitas a leer un guion monótono, sin poner tu alma en él, el público lo percibirá de inmediato y la conexión se romperá. Las emociones son lo que crea un vínculo indisoluble entre tú y quienes te escuchan, y ese vínculo es lo que hace del podcasting un medio tan poderoso.

Hay una gran diferencia entre escuchar a alguien que recita un guion y escuchar a alguien que habla como si estuviera charlando con un amigo. Cuando escuchas un podcast en el que el anfitrión parece rígido o frío, probablemente te sentirás desconectado, desinteresado. Pero cuando escuchas un podcast en el que el anfitrión se ríe, hace bromas espontáneas, se equivoca y luego se corrige riéndose, te sientes involucrado. Sientes que eres parte de esa conversación, como si estuvieras viviendo esa experiencia junto al anfitrión.

No hay nada de malo en ser humano. De hecho, es lo que las personas buscan. La gente no quiere escuchar a un robot perfecto; quiere escuchar a alguien que comete errores, que se ríe, que muestra sus emociones. Es esa autenticidad la que mantiene a los oyentes pegados a los episodios, la que los hace volver episodio tras episodio, porque sienten que tienen una conexión real contigo. La vulnerabilidad no es una debilidad, sino una fortaleza. Admitir un error, contar una historia personal, mostrar tus emociones: todas estas cosas no solo hacen que tu podcast sea más interesante, sino que también te hacen más auténtico y cercano al público.

Un ejemplo de autenticidad

¿Alguna vez has escuchado un podcast en el que el anfitrión parecía simplemente recitar un guion? La voz suena plana, monótona, carente de calidez. Incluso si el contenido es interesante, falta esa energía, esa chispa que te impulsa a seguir escuchando. Ahora piensa en otro podcast en el que el anfitrión se ríe, hace bromas espontáneas, se equivoca en una palabra y se corrige riendo. Quizás interrumpe el flujo de la conversación para contar una anécdota personal. ¿Cuál es el que te hizo sentir más involucrado? Probablemente el segundo, porque ahí escuchaste la voz auténtica de una persona real, no de un lector automático.

Este ejemplo demuestra que no necesitas ser perfecto para ser eficaz. No tienes que preocuparte por parecer impecable o evitar cada pequeño error. La gente aprecia más la genuinidad de una sonrisa o de una risa espontánea que una actuación perfectamente construida.

Convertir el podcast en una charla

Comienza a pensar en tu podcast como una charla entre amigos. No es necesario un formalismo excesivo, no es necesario un tono distante o demasiado profesional. El formalismo corre el riesgo de crear una distancia entre tú y quienes te escuchan, y eso no es lo que deseas. Quieres que tu audiencia sienta que está sentada a tu lado, como si fuera parte de la conversación. Cuanto más abierto, sincero y vulnerable te muestres, más tu público se sentirá conectado contigo y más propenso será a seguirte.

Al final, ser auténtico significa ser tú mismo. No temas mostrar quién eres realmente. No tengas miedo de cometer errores, de reírte de ti mismo o de compartir una parte de tu vida. Esto es lo que hace que un podcast sea verdaderamente especial y único. El público no quiere escuchar una versión perfeccionada de ti: quiere escucharte a ti, con todas tus imperfecciones, tus emociones y tu autenticidad.

4. MANTIENITI COSTANTE

La constancia es uno de los ingredientes más subestimados, pero al mismo tiempo más cruciales, para construir un podcast exitoso. Al principio, cuando estás impulsado por el entusiasmo y la emoción de crear algo nuevo, es fácil sentirse invencible. Las ideas parecen fluir sin esfuerzo, y la pasión te impulsa a grabar episodio tras episodio. Pero, como en cualquier proyecto creativo, el verdadero desafío no es comenzar con fuerza, sino mantener ese impulso a largo plazo.

Imagina el podcasting como una maratón, no como una carrera de velocidad. Es fácil comenzar a toda marcha, pero si no gestionas bien tu energía, corres el riesgo de agotarte a mitad de camino. Al igual que en una relación, al principio todo parece nuevo y emocionante, pero con el tiempo se requiere esfuerzo, dedicación y un trabajo constante para que funcione y crezca. La constancia requiere disciplina, y no siempre es fácil mantener esa chispa inicial, especialmente cuando la vida o el trabajo se vuelven más exigentes.

La constancia no se refiere solo a la frecuencia con la que publicas nuevos episodios, sino también a tu presencia general para el público. Publicar con regularidad te permite crear expectativas y hábitos en tus oyentes. Si las personas saben que cada semana encontrarán un nuevo episodio el martes por la mañana, ese día se convertirá en su 'cita' fija contigo. Este sentido de continuidad no solo crea un vínculo con el público, sino que también te permite formar parte de su rutina diaria.

No olvides que la constancia no solo se refiere a la cantidad de episodios, sino también a la calidad. Es mejor publicar un episodio excelente cada dos semanas que publicar dos mediocres cada semana. La calidad es fundamental para mantener la atención del público. Publicar regularmente episodios que no cumplen con las expectativas de tu audiencia puede ser peor que no publicar en absoluto. Los oyentes tienen un umbral de tolerancia muy bajo para los contenidos de mala calidad y podrían abandonarte rápidamente si perciben una disminución en el nivel de tus episodios.

La gestión del tiempo y la energía

Uno de los errores más comunes es sobrestimar la capacidad de mantener un ritmo acelerado de publicación. Al principio, puedes sentirte tentado a publicar un episodio al día o tres veces por semana, pensando que cuantos más contenidos produzcas, mayor será el crecimiento. Este enfoque puede llevarte rápidamente al agotamiento. El entusiasmo inicial puede desvanecerse, y con él la calidad y el compromiso que pones en tus episodios. El resultado es que podrías encontrarte en una situación en la que saltes episodios o, peor aún, abandones el proyecto por completo.

La clave está en encontrar un ritmo sostenible. Si sabes que solo tienes unas pocas horas a la semana para dedicar al podcast, entonces planifica en consecuencia. Tal vez publiques un episodio cada dos semanas, pero hazlo de manera que cada episodio sea de alta calidad y valga la pena la espera. La constancia no significa solo publicar con frecuencia, sino hacerlo de manera predecible y cumpliendo siempre con tu promesa al público.

Estar presente para el público

La constancia, sin embargo, no se limita a la publicación. También significa estar presente y disponible para tu público de manera regular. Responder a los comentarios, interactuar con quienes te escuchan en las redes sociales, participar en las conversaciones que surgen en torno a tus episodios. Cuanto más logres hacer sentir a tu audiencia involucrada y parte de tu comunidad, más se encariñarán contigo y continuarán siguiéndote.

Cuando muestras que eres constante en tu compromiso, demuestras al público que realmente te importa. Estás ahí para ellos no solo cuando publicas nuevos episodios, sino también entre una publicación y otra, creando un vínculo que va más allá del simple consumo de contenido. Piensa en cómo te sientes cuando una persona que admiras responde a tu comentario o responde a una pregunta tuya. Esto crea un sentido de reciprocidad y aprecio que aumenta la conexión entre tú y tu audiencia.

La importancia de la previsibilidad

Hay un aspecto psicológico importante en la constancia: la previsibilidad. A las personas les gusta saber qué esperar y cuándo. Esto es cierto para todos los medios, pero es particularmente relevante para los podcasts. Imagina que sigues un podcast que te encanta, que se publica con regularidad. Se convierte en parte de tu rutina, un momento que esperas cada semana. Luego, de repente, los episodios comienzan a salir de manera irregular. Un día hay un episodio, luego nada durante dos semanas, y luego otro episodio aparece de repente. Te sentirás desorientado y, probablemente, empezarás a buscar otro podcast que pueda ofrecerte esa continuidad que te falta.

La confianza se construye también a través de la regularidad. Si el público sabe que puede contar contigo, que encontrará puntualmente nuevos episodios de calidad, continuará regresando. Pero si comienzan a percibir que no tienes un plan claro o que no te tomas en serio tu compromiso, esa confianza se desvanecerá. Y una vez que los oyentes dejan de confiar en ti, es difícil recuperarlos.

La constancia es respeto

Finalmente, la constancia es un acto de respeto hacia quienes te escuchan. Publicar con regularidad significa demostrar que te tomas en serio tu podcast, a tu audiencia y el compromiso que has asumido con ellos. No se trata solo de respetar un calendario de publicación, sino de mostrar que te importa la experiencia de los oyentes.

Las personas dedican su tiempo a tu podcast: lo escuchan durante los momentos libres de su día, ya sea durante pequeños descansos en el trabajo, mientras corren o por la noche antes de dormir. Saber que eres constante en tus esfuerzos hace que el público se sienta valorado. Si muestras dedicación, ellos te recompensarán con lealtad y compartiendo tu contenido.

En conclusión, la constancia es uno de los elementos más importantes para construir un podcast exitoso y, paradójicamente, también es uno de los más difíciles de mantener. Requiere compromiso continuo, planificación y la voluntad de no ceder a la tentación de hacerlo todo de golpe. La constancia es el puente que construye la confianza y la relación con tu público, y sin ella, incluso el mejor contenido puede pasar desapercibido.

5. ESCUCHA LOS COMENTARIOS

El último elemento esencial para el éxito de un podcast es el feedback o retroalimentación. Este término a menudo genera reacciones encontradas: algunos lo ven como un desafío, otros como una oportunidad. Pero hay una cosa clara: no puedes crecer si no escuchas a tu audiencia. Cuando creas algo, ya sea un podcast, un artículo o cualquier otro tipo de contenido, inevitablemente estás inmerso en tu visión. Estás tan cerca de tu proyecto que es fácil perder de vista algunas cosas, a pesar de toda tu pasión y dedicación. Y es aquí donde entra en juego el feedback: es la ventana que te permite ver tu creación a través de los ojos de quienes te escuchan.

Cada vez que recibes un comentario, una reseña o un simple correo electrónico, estás obteniendo una perspectiva que, como creador, no tienes. Tu audiencia puede notar detalles, matices o incluso problemas que a ti se te pueden haber escapado. Pueden percibir un tono que no tenías intención de transmitir, o notar que un tema que creías haber tratado bien no fue comprendido como esperabas. Este es el poder del feedback: te permite mejorar lo que haces, crecer y evolucionar como podcaster.

Es importante destacar que no todos los comentarios serán útiles o constructivos. Algunos serán simples gustos personales, otros pueden ser críticas poco fundamentadas. Sin embargo, es crucial saber escuchar y filtrar. Como en cualquier tipo de comunicación, debes aprender a leer entre líneas, a distinguir entre una crítica constructiva y una reacción basada en preferencias subjetivas.

Algunos oyentes pueden sugerirte hacer episodios más cortos, mientras que otros pueden pedirte episodios más largos. Ambos comentarios pueden ser válidos, pero eso no significa que debas seguir todas las indicaciones. Siempre debes equilibrar lo que te sugieren con tu visión y estilo. No tienes que complacer a todos, pero debes estar abierto al cambio y al crecimiento, teniendo siempre en cuenta lo que puede mejorar tu conexión con el público.

El valor de las críticas

Las críticas, especialmente las constructivas, son el feedback más valioso que puedes recibir. Nunca es fácil aceptar críticas, especialmente cuando has invertido tanto tiempo y energía en un proyecto, pero es precisamente de ellas de donde provienen las mejoras más significativas. Podrían ser críticas sobre el ritmo de tu narración, la calidad del audio o tal vez sobre cómo abordas un tema determinado. Estos comentarios, aunque a veces puedan herir tu ego, son esenciales para mejorar. Aprender a verlas como oportunidades, en lugar de ataques personales, es una parte crucial del proceso de crecimiento.

Recuerda que quienes te critican lo hacen porque se tomaron el tiempo de escucharte, y eso significa que de alguna manera encontraron valor en tu podcast. Incluso una crítica puede ser vista como una forma de aprecio: si alguien no estuviera interesado, no se tomaría la molestia de darte su opinión.

Gestión de comentarios negativos

Manejar comentarios negativos puede ser difícil, pero es una habilidad fundamental para un podcaster exitoso. La primera reacción podría ser defensiva, especialmente cuando sientes que la crítica no está justificada. Pero es importante dar un paso atrás, reflexionar e intentar comprender el punto de vista del oyente. A veces, los comentarios negativos son simplemente expresiones de gustos personales, otras veces pueden revelar fallas que no habías notado.

Una manera efectiva de gestionar los comentarios negativos es responder con apertura y humildad. Agradecer al oyente por expresar su opinión es el primer paso. No necesariamente tienes que estar de acuerdo, pero demostrar que aprecias el tiempo y el esfuerzo que han dedicado a escribirte puede fortalecer tu relación con el público. Siempre muéstrate abierto al diálogo: la audiencia valora a un podcaster dispuesto a escuchar, incluso cuando el feedback no es positivo.

El rol del feedback positivo

Por otro lado, el feedback positivo es igualmente importante, si no más. Es fácil enfocarse en las críticas y descuidar los elogios, pero estos últimos son cruciales para mantener alta tu motivación y para entender qué estás haciendo bien. Cuando tu audiencia te dice que encontró un episodio especialmente esclarecedor o que tu voz los acompañó en un momento difícil, estás recibiendo información valiosa. El feedback positivo te dice lo que debes seguir haciendo, te confirma que estás en el camino correcto.

En este caso también, interactuar con quienes te dejan comentarios positivos es importante. Agradece a quienes te aprecian, muéstrales que su opinión cuenta y que su apoyo te motiva a seguir. Estos pequeños gestos crean una comunidad en torno a tu podcast y hacen que tu público se sienta parte de algo especial. No hay nada más gratificante para un oyente que saber que su voz ha sido escuchada.

Crear espacios para el feedback

Pero, ¿cómo obtener comentarios de manera efectiva? A menudo, el público no deja reseñas de forma espontánea, por lo que debes ser tú quien cree espacios específicos para animarlos a hacerlo. Durante tus episodios, no dudes en hacer preguntas directas a tu audiencia: "¿Qué opinan de este tema? ¿Tienen sugerencias para futuros episodios?". Estas preguntas, aunque aparentemente simples, pueden invitar a los oyentes a reflexionar e interactuar contigo.

Además, asegúrate de facilitar el proceso para que tu audiencia te dé feedback. Crea un correo electrónico dedicado o un formulario en tu sitio web. Usa las plataformas sociales para recoger opiniones y estimular debates. Incluso puedes hacer encuestas para tener una idea clara de las preferencias de tu audiencia. Cuanto más accesible hagas este proceso, más comentarios obtendrás, y más podrás mejorar y hacer crecer tu podcast.

El podcast como comunidad

Finalmente, el feedback te ayuda a transformar tu podcast en algo más grande que un simple show: puede convertirse en una comunidad. Cuando invitas a tus oyentes a compartir sus opiniones, a contribuir con ideas o a interactuar contigo, los haces partícipes activos de tu proyecto. Ya no son solo oyentes pasivos, sino participantes. Esto crea un vínculo profundo que va más allá del simple consumo de contenido. Tu podcast ya no es una conversación unilateral, sino un diálogo continuo entre tú y tu público.

Un podcast exitoso no es solo una colección de episodios bien grabados: es una comunidad de personas que se sienten conectadas a través de las historias, las ideas y las conversaciones que propone. Y el feedback es la herramienta que te permite nutrir y hacer crecer esta comunidad.

En conclusión, el feedback no es solo un componente opcional en el podcasting, sino un recurso vital para mejorar, evolucionar y crear un fuerte vínculo con tu audiencia. Saber escuchar, responder y adaptarse a las opiniones y sugerencias de quienes te siguen marcará la diferencia entre un podcast estático y uno dinámico, en constante evolución.

6. ELIGE EL NICHO ADECUADO

Uno de los elementos determinantes para el éxito de un podcast es la elección del nicho adecuado. En un mundo saturado de contenidos, con miles de podcasts disponibles sobre casi cualquier tema imaginable, encontrar tu espacio único es esencial para destacarte entre la multitud. La tentación puede ser querer hablar de todo, cubriendo temas variados y tratando de llegar a un público más amplio. Sin embargo, esta estrategia a menudo se vuelve en contra. No puedes hablarle a todo el mundo. Intentar hacerlo corre el riesgo de hacer que tu mensaje sea superficial y poco interesante, porque no logras satisfacer realmente ninguna necesidad específica del público. La clave del éxito es ser específico.

Elegir un nicho bien definido significa enfocar tu podcast en un tema particular que te apasione, en el que tengas experiencia, y que pueda atraer a una audiencia específica y comprometida. Un nicho bien elegido no limita tus posibilidades, sino que las amplifica. Te permite convertirte en un referente para un grupo de oyentes que comparten tus mismos intereses y que buscan exactamente ese tipo de contenido.

Cuando selecciones tu nicho, debes pensar a largo plazo. ¿Quiénes son las personas a las que quiero llegar? ¿Cuáles son sus intereses, sus necesidades y sus preocupaciones? Cuanto mejor puedas responder a estas preguntas, más serás capaz de crear contenido que realmente resuene con tu público. Las personas buscan contenido que les hable a ellas, a sus deseos y a sus problemas. Si puedes proporcionar esto, construirás una conexión fuerte y duradera con quienes te escuchan.

El poder de la especialización

Enfocarte en un nicho te permite convertirte en un experto reconocido en ese campo particular. Ser demasiado general te hace anónimo, mientras que apuntar a una especialización te ayuda a construir una identidad fuerte y un posicionamiento claro. Cuanto más te concentres en un tema específico, más reconocible te volverás. Las personas sabrán exactamente qué esperar de tu podcast y sabrán que eres la persona indicada para profundizar en ese tema.

La especialización también te ayuda a crear contenido más enfocado y profundo. No tendrás que cubrir demasiados temas de manera superficial, sino que podrás profundizar, ofreciendo detalles y conocimientos que otros podcasts más generales no pueden proporcionar. Esto te hace más valioso a los ojos de tu público, ya que ofreces algo único, que difícilmente pueden encontrar en otro lugar.

Otro beneficio de la especialización es que te ayuda a construir una comunidad en torno a tu podcast. Cuando te concentras en un tema de nicho, atraes a personas con intereses similares, que comparten una pasión común. Estas personas no serán solo oyentes pasivos, sino que se convertirán en parte activa de tu comunidad, participando en las discusiones, compartiendo tus episodios y contribuyendo al crecimiento de tu programa.

El nicho no es una limitación

Uno de los errores que muchos podcasters cometen es pensar que restringir su nicho limita sus posibilidades de crecimiento. En realidad, es exactamente lo contrario. Cuando te concentras en un tema específico, atraes a un público más comprometido y leal, que continuará siguiéndote con el tiempo porque reconoce el valor único de tu contenido.

Aunque al principio pueda parecer que hablarle a una pequeña porción del público limita tus posibilidades, es precisamente este público especializado el que te permitirá crecer de manera orgánica. Las personas que encuentran valor en tus contenidos estarán más dispuestas a compartir tu podcast con otros, creando un efecto en cadena que te ayudará a expandirte. Tu reputación se construirá no en la cantidad, sino en la calidad de la conexión que creas con tu público de nicho.

Además, empezar con un nicho no significa que estés atado para siempre a un solo tema. Una vez que hayas construido una base sólida de oyentes leales, podrás ampliar gradualmente tu alcance, introduciendo nuevos temas o expandiendo el enfoque de tu podcast. Pero el punto de partida debe ser un nicho preciso, que te permita crear una identidad fuerte y reconocible.

Cómo elegir el nicho adecuado

Elegir un nicho no siempre es fácil, pero hay algunas preguntas que pueden guiarte en la dirección correcta. ¿Cuáles son tus intereses y pasiones? ¿Cuáles son tus habilidades? ¿Ya existen muchos podcasts que traten este tema? Si es así, ¿cómo puedes ofrecer una perspectiva única o un valor añadido?

Un buen punto de partida es concentrarte en lo que te apasiona. Si hablas de un tema que amas, tu entusiasmo se notará en cada episodio y eso involucrará al público. Además, estar apasionado por el tema te ayudará a mantener la constancia en el tiempo, evitando que pierdas interés o motivación.

También deberías considerar las habilidades que posees. ¿En qué campo tienes conocimientos que realmente puedan enriquecer a tu audiencia? Tal vez tengas experiencia profesional en un sector específico, o hayas vivido experiencias personales que te conviertan en un experto en un tema particular. Cualquiera que sea tu experiencia, aprovéchala para crear contenido valioso.

Finalmente, evalúa la competencia. Si ya hay muchos podcasts que tratan el tema que has elegido, busca una manera de diferenciarte. ¿Qué puedes ofrecer que los demás no ofrezcan? ¿Puedes adoptar un tono diferente, invitar a expertos especializados o concentrarte en una subcategoría aún más específica? Tu unicidad es la clave para destacar en un mercado competitivo.

Ejemplo: el poder del nicho

Imagina que eres un apasionado de los viajes, pero en lugar de crear un podcast que hable de viajes en general, decides enfocarte en un sector específico: los viajes ecosostenibles para familias. Esta elección te permite atraer a un público muy preciso: familias que quieren viajar respetando el medio ambiente, y te permite ofrecer contenido dirigido a sus necesidades. Puedes discutir destinos ecológicos, dar consejos sobre cómo viajar con niños sin dejar una huella ambiental o hablar de productos sostenibles para los viajeros.

De esta manera, tu podcast se diferencia inmediatamente de miles de otros podcasts de viajes y crea una conexión más profunda con un público específico. Las personas que comparten estos valores estarán mucho más inclinadas a seguirte fielmente, comentar tus episodios, interactuar contigo en las redes sociales y compartir tu podcast con otros padres interesados en los viajes ecosostenibles.

El nicho como trampolín

El nicho es el trampolín para construir tu identidad como podcaster y para darte a conocer ante el público adecuado. No temas restringir tu enfoque inicial: es una estrategia ganadora para diferenciarte y atraer a oyentes comprometidos y leales. Con el tiempo, podrás expandir tu contenido y crecer de manera orgánica, pero todo comienza con tu capacidad para elegir el nicho correcto y especializarte.

Un podcast exitoso no trata de satisfacer a todos, sino que ofrece un valor único y profundo a un público bien definido. Cuando encuentras tu nicho, encuentras tu lugar en el mundo del podcasting.

7. EXPERIMENTA CON LOS FORMATOS Y LA DURACIÓN

Un podcast exitoso no es estático. Evolucionar y experimentar son partes fundamentales del proceso creativo, y una de las maneras más eficaces de mantener el interés del público es jugar con los formatos y la duración de tus episodios. Encontrar el equilibrio adecuado entre estabilidad e innovación te permite ofrecer variedad a tus oyentes sin perder coherencia con el tema y el estilo de tu programa.

Muchos podcasters comienzan con una idea clara del formato y la duración que desean seguir, pero con el tiempo se dan cuenta de que cambiar puede abrir nuevas oportunidades. La rigidez en la estructura puede llevar a la monotonía, tanto para ti como para quienes te escuchan. Mientras que introducir variaciones, probar nuevos enfoques o modificar la duración de los episodios puede ser estimulante y sorprendente para el público.

¿Por qué es importante experimentar?

Experimentar con formatos y duración te permite mantener viva la atención y la curiosidad de tu público. Si publicas siempre episodios con la misma estructura y duración, corres el riesgo de volverte predecible y, en consecuencia, perder parte del entusiasmo inicial de tu audiencia. Cambiar el formato o la duración de vez en cuando no solo hace las cosas más interesantes, sino que también te permite adaptarte mejor a las necesidades de los oyentes, quienes podrían preferir episodios breves en ciertos momentos o episodios más profundos en otros.

El mundo del podcasting es muy variado y cada público tiene sus preferencias: algunos prefieren pequeñas cápsulas informativas y otros disfrutan de largas conversaciones ricas en detalles. Ofrecer diferentes opciones a tus oyentes te permite ampliar tu alcance y mantener satisfechos a tus oyentes leales.

Tipos de formatos

Experimentar con los formatos significa jugar con la estructura de tu podcast. Por ejemplo, si hasta ahora has adoptado un estilo puramente narrativo, podrías probar a introducir entrevistas con invitados que aporten nuevas perspectivas y enriquezcan tu contenido. O podrías experimentar con episodios temáticos, donde exploras un tema en profundidad con diferentes invitados o segmentos, o crear una serie de episodios en capítulos, construyendo una narrativa más compleja que se desarrolle a lo largo de varios episodios.

Otra idea es alternar entre episodios en los que compartes tus reflexiones y habilidades en solitario, y episodios con un coanfitrión o invitados. La dinámica de las interacciones puede ofrecer un ritmo diferente y atraer a un público que prefiera un formato más conversacional.

Los episodios de preguntas y respuestas (Q&A) son otro formato que fomenta la interacción con el público. Puedes pedir a tus oyentes que te envíen preguntas sobre un tema específico y dedicar un episodio completo a responderlas en profundidad, creando un vínculo fuerte con tu comunidad.

También considera la posibilidad de insertar episodios especiales, como aquellos dedicados a eventos particulares, análisis temáticos que surgen de noticias recientes o reflexiones sobre tendencias actuales. El secreto está en mantener tu voz única y reconocible, pero sin tener miedo de cambiar el esquema de vez en cuando.

¿Existe una duración ideal?

Uno de los aspectos sobre los que muchos podcasters se cuestionan es la duración ideal de un episodio. En realidad, no hay una respuesta única a esta pregunta, ya que la duración perfecta depende de varios factores: el tema del podcast, el público al que te diriges, el contenido del episodio y el formato que utilizas. Algunos oyentes prefieren episodios breves que puedan integrarse fácilmente en su apretada agenda, tal vez durante el trayecto al trabajo o en la pausa para el almuerzo. Otros, en cambio, disfrutan dedicando más tiempo a episodios largos y profundos, ideales para sesiones de escucha más relajadas o durante actividades como caminatas, deporte o viajes en coche.

La clave es encontrar un equilibrio y experimentar para descubrir qué duración funciona mejor para tu audiencia. Si tu podcast suele centrarse en episodios de

30 minutos, prueba a introducir uno de 15 minutos y observa cómo reacciona tu público. También puedes alternar entre episodios cortos y largos: uno corto para ofrecer una rápida visión general sobre un tema y uno más largo para profundizar y ofrecer un análisis detallado.

Una buena manera de orientarte es escuchar los comentarios de tu público. Podrías descubrir que algunos prefieren episodios concisos y directos, mientras que otros aprecian las conversaciones largas y relajadas. Lo importante es que la duración no se sienta forzada: si un tema requiere más tiempo para ser explorado, no dudes en dedicarle más minutos. Por el contrario, si un episodio puede resolverse en menos tiempo, no lo prolongues solo para aumentar la duración. La calidad es siempre más importante que la cantidad.

Ejemplo: cómo variar la duración

Imagina que tu podcast suele durar alrededor de 45 minutos por episodio. Un día, decides hacer un experimento: creas un episodio especial de solo 10 minutos, centrado en una actualización rápida o una reflexión personal. Este episodio más breve puede ser fácilmente escuchado por quienes tienen poco tiempo, pero también podría despertar la curiosidad por episodios más largos, llevando a los oyentes a explorar más a fondo tu podcast. La variedad en la duración te permite ofrecer flexibilidad a los oyentes, quienes podrán elegir escucharte en los momentos que mejor se adapten a su rutina.

Al mismo tiempo, podrías realizar episodios más largos en forma de entrevistas en profundidad, explorando un tema de manera detallada. Lo importante es no tener miedo de salir de tu zona de confort: no hay una regla estricta sobre la duración, pero hay una regla sobre la calidad. Si lo que tienes que decir vale 10 minutos, dilo en 10 minutos. Si necesitas una hora, tómate esa hora.

Encontrar tu equilibrio

Experimentar con formatos y duración no significa transformar completamente tu podcast, sino más bien ajustar y optimizar tu oferta para mantener vivo el interés del público y, al mismo tiempo, mantener alta tu motivación. Prueba cosas nuevas, monitorea las reacciones y ajusta según los comentarios que recibas.

Recuerda: la innovación es parte del proceso creativo. No tengas miedo de modificar la estructura, la duración o el formato de tus episodios. Cada podcast es único y tiene su evolución natural. El podcasting es un medio versátil y dinámico, y tu capacidad de experimentar te permitirá mantener a tu público siempre interesado y curioso por descubrir lo que tienes preparado.

En conclusión, el formato y la duración de tu podcast no deben considerarse como una regla rígida, sino más bien como herramientas de expresión que puedes modular en función del contenido, el tema y las preferencias de tu público. Experimenta, juega con las opciones y deja que tu podcast evolucione contigo.

8. PROMOCIONA TU PODCAST

Crear un podcast es solo el primer paso para alcanzar el éxito. El segundo, y no menos importante, es asegurarse de que las personas lo encuentren, lo escuchen y lo compartan. No importa cuán bueno sea tu contenido, si no logras promocionarlo adecuadamente, corres el riesgo de hablarle a un público muy limitado o incluso a ninguno. La promoción es esencial para construir una audiencia leal y para hacer crecer tu proyecto.

Es común pensar que basta con crear episodios de calidad para que el éxito llegue de manera natural, pero en el mundo saturado de contenido en el que vivimos, esto no es suficiente. Tienes que ser proactivo, buscar activamente a tu público y darles razones para que elijan escucharte. Hay muchas estrategias para promocionar un podcast, y es importante entender que el marketing y la promoción son parte integrante del trabajo de un podcaster.

El poder de las redes sociales

Las redes sociales son una de las herramientas más poderosas a tu disposición para promocionar tu podcast. Plataformas como Instagram, Twitter, Facebook, LinkedIn o TikTok pueden ayudarte a llegar a una gran cantidad de personas que podrían estar interesadas en tu contenido. Sin embargo, no se trata solo de publicar el enlace a tu episodio y esperar que la gente lo escuche. La promoción en redes sociales debe ser estratégica y creativa.

Cada plataforma tiene su propio estilo y su propio público. Por ejemplo, en Instagram puedes compartir extractos en video o imágenes que representen momentos clave de tu podcast, junto con una descripción atractiva que despierte la curiosidad de tu audiencia. En Twitter, puedes participar en conversaciones sobre los temas que tratas en tu podcast, utilizando hashtags relevantes y mencionando a personas influyentes que podrían estar interesadas. LinkedIn es ideal si tu podcast está orientado a temas profesionales o empresariales, mientras que TikTok puede ser una excelente opción si tu contenido es más ligero o creativo.

Lo más importante es mantener la coherencia. No basta con promocionar tu podcast una vez; debes hacerlo de manera continua, creando una estrategia de contenido que te permita mantener tu programa visible y relevante. Publica de manera regular, interactúa con tus seguidores y busca formas creativas de atraer su atención.

Colaboraciones y entrevistas

Una de las formas más efectivas de promocionar tu podcast es a través de colaboraciones con otros creadores de contenido o influencers en tu nicho. Las entrevistas son una excelente oportunidad para invitar a personas influyentes que ya tienen su propia audiencia. Cuando entrevistes a alguien con una base de seguidores consolidada, es probable que esa persona comparta el episodio con su público, ayudándote a llegar a nuevas audiencias.

Las colaboraciones también pueden ser bidireccionales: puedes aparecer como invitado en otros podcasts o canales de YouTube. Al ser presentado a la audiencia de otro creador, tienes la oportunidad de atraer nuevos oyentes que podrían estar interesados en tu contenido. La clave es encontrar a personas cuyos intereses estén alineados con los temas de tu podcast, para que la colaboración sea mutuamente beneficiosa.

Además de las entrevistas, puedes realizar colaboraciones en proyectos especiales, como episodios conjuntos, series de episodios cruzados o la participación en eventos o transmisiones en vivo. Cuanto más amplio sea tu alcance a través de estas colaboraciones, mayor será la posibilidad de hacer crecer tu audiencia.

Aprovecha las plataformas de podcasting

Las plataformas en las que publicas tu podcast también juegan un papel importante en su promoción. Las principales plataformas de podcasting, como Apple Podcasts, Spotify, Google Podcasts o iVoox, tienen algoritmos que promueven los episodios más populares o los nuevos podcasts que generan interacción. Asegúrate de optimizar tus episodios con descripciones claras, títulos atractivos y palabras clave relevantes para que tu podcast sea más fácil de encontrar en estas plataformas.

No olvides animar a tu audiencia a dejar reseñas y calificaciones. Las reseñas positivas ayudan a mejorar tu visibilidad en las plataformas de podcasting, ya que muchos algoritmos consideran las interacciones y valoraciones a la hora de promover el contenido. Cuantas más reseñas y calificaciones tengas, mayores serán las posibilidades de que tu podcast aparezca en las listas de recomendaciones o en las búsquedas de nuevos oyentes.

El poder del boca a boca

Nunca subestimes el poder del boca a boca. Cuando alguien disfruta de un episodio, es muy probable que lo recomiende a sus amigos, familiares o compañeros de trabajo. Crear un contenido que sea fácil de compartir es fundamental. Puedes facilitar este proceso animando a tus oyentes a compartir el podcast en sus redes sociales, o incluso pidiéndoles directamente que lo recomienden a alguien que podría estar interesado.

Una estrategia útil es incluir al final de cada episodio una llamada a la acción clara, en la que pidas a tu audiencia que lo compartan, dejen una reseña o te sigan en redes sociales. Estas pequeñas acciones pueden marcar una gran diferencia en el crecimiento de tu programa.

El email marketing como estrategia

El email marketing es otra herramienta poderosa para promocionar tu podcast. Crear una lista de correo con tus oyentes más leales te permite mantener un contacto directo con tu audiencia, informándoles sobre nuevos episodios, noticias o eventos especiales. Un boletín informativo bien hecho puede generar una conexión más personal con tu público, ya que llega directamente a sus bandejas de entrada.

Utiliza el correo electrónico para proporcionar contenido exclusivo, como adelantos de futuros episodios o acceso a material adicional, y anima a tus suscriptores a compartir el podcast con otros. Cuanto más valor ofrezcas a tu audiencia a través de estos canales, más estarán dispuestos a compartir y recomendar tu contenido.

Publicidad paga y patrocinios

Otra estrategia a considerar, especialmente si estás buscando hacer crecer tu audiencia rápidamente, es la publicidad paga. Plataformas como Facebook Ads, Instagram Ads o Google Ads te permiten promocionar tu podcast a un público específico, basado en intereses, ubicación y otros datos demográficos. Aunque implica una inversión, la publicidad puede ayudarte a llegar a personas que de otro modo no habrías alcanzado.

Los patrocinios también son una opción, ya sea buscando patrocinadores para tu podcast o convirtiéndote en patrocinador de otros programas o plataformas. Colocar anuncios de tu podcast en otros podcasts, en blogs o en sitios web relacionados con tu nicho puede ser una excelente manera de atraer nuevos oyentes.

Medir los resultados

Finalmente, es fundamental medir los resultados de tus esfuerzos de promoción. Usa las herramientas de análisis que te ofrecen las plataformas de podcasting y las redes sociales para ver qué estrategias están funcionando y cuáles no. ¿Qué tipo de publicaciones generan más interacción? ¿Cuáles son las plataformas que te traen más oyentes? ¿Cuál es la respuesta de tu audiencia a las colaboraciones o los episodios especiales?

Cuanto más sepas sobre el comportamiento de tu audiencia, mejor podrás ajustar tus estrategias de promoción para obtener mejores resultados. La promoción no es un proceso lineal, sino una serie de ajustes y mejoras continuas que te permitirán maximizar el impacto de tu podcast.

9. MONETIZA TU PODCAST

Monetizar un podcast es el sueño de muchos creadores de contenido, pero no siempre es un camino fácil ni inmediato. No obstante, con la estrategia adecuada, un podcast puede convertirse en una fuente de ingresos constante y, en algunos casos, en una profesión a tiempo completo. Sin embargo, para llegar a este punto es fundamental comprender que la monetización no es algo que sucede de la noche a la mañana, sino que es el resultado de un trabajo constante, de la construcción de una audiencia leal y del desarrollo de un contenido valioso.

Existen muchas formas de monetizar un podcast, y la clave está en elegir las estrategias que mejor se adapten a tu público, a tu nicho y a tus objetivos a largo plazo. A continuación, exploraremos algunas de las principales formas de generar ingresos con un podcast.

1. Patrocinios y publicidad

Uno de los métodos más comunes y efectivos para monetizar un podcast es a través de patrocinios y publicidad. Las empresas y marcas están siempre en busca de nuevas maneras de llegar a sus audiencias, y los podcasts ofrecen una plataforma ideal, especialmente si tienes un público comprometido y de nicho. Las marcas están dispuestas a pagar por aparecer en un podcast que les permita llegar a su público objetivo de manera más directa y personal que otros medios.

Para atraer patrocinadores, es esencial que primero construyas una audiencia considerable. Las empresas querrán ver números: cuántas personas te escuchan regularmente, el perfil de tu audiencia, su ubicación geográfica y sus intereses. Esto les permitirá evaluar si tu podcast es una buena opción para promocionar sus productos o servicios.

Puedes optar por varios tipos de publicidad. Las más comunes son:

- Pre-roll y post-roll ads: Son anuncios que se colocan al principio o al final de un episodio. Suelen ser breves, de unos 15 a 30 segundos, y son una forma efectiva de que las marcas lleguen a tu audiencia sin interrumpir demasiado el flujo del contenido.

- Mid-roll ads: Estos anuncios se colocan en medio del episodio, a menudo en el momento de mayor atención de los oyentes. Su duración puede ser un poco más larga y, aunque interrumpen el episodio, son altamente efectivos porque capturan la atención en el pico del interés del oyente.

- Menciones patrocinadas: En lugar de un anuncio tradicional, puedes integrar el producto o servicio del patrocinador directamente en tu contenido, mencionándolo de manera natural en tu discurso. Este tipo de publicidad es muy efectiva, ya que se siente más como una recomendación genuina que como un anuncio.

Para encontrar patrocinadores, puedes usar plataformas dedicadas a conectar podcasters con marcas, o puedes acercarte directamente a las empresas que crees que podrían estar interesadas en tu audiencia.

2. Donaciones y crowdfunding

Otra manera de monetizar tu podcast es a través de donaciones directas de tus oyentes o mediante campañas de crowdfunding. Si has construido una audiencia leal y comprometida, es probable que algunos de tus oyentes estén dispuestos a apoyarte económicamente para que sigas creando contenido de calidad. Las plataformas como Patreon, Ko-fi o Buy Me a Coffee permiten a los creadores recibir donaciones recurrentes o puntuales de su audiencia.

El crowdfunding es particularmente efectivo cuando ofreces incentivos a tus seguidores. Por ejemplo, puedes ofrecer contenido exclusivo, acceso anticipado a episodios, material detrás de cámaras o incluso la posibilidad de participar en la creación de un episodio. Este tipo de recompensas crea una conexión aún más fuerte con tu público y les da una razón adicional para apoyar tu proyecto.

3. Venta de productos y servicios

Si tienes una audiencia comprometida, otra forma de monetizar tu podcast es a través de la venta de productos o servicios relacionados con el contenido de tu programa. Esto puede incluir productos físicos, como camisetas, tazas o accesorios personalizados con el logo o las frases icónicas de tu podcast, o productos digitales, como libros electrónicos, guías o cursos en línea.

Además, si tienes habilidades o conocimientos que pueden ser valiosos para tu audiencia, podrías ofrecer servicios como consultorías, mentorías o talleres. Por ejemplo, si tu podcast trata sobre marketing digital, podrías ofrecer servicios de asesoría en este campo. Si tu programa trata sobre desarrollo personal, podrías organizar seminarios o cursos para profundizar en estos temas.

La clave aquí es entender bien las necesidades y deseos de tu audiencia, para poder ofrecerles productos o servicios que realmente valoren y estén dispuestos a adquirir.

4. Suscripciones pagadas

Otra opción es crear un modelo de suscripción pagada, donde los oyentes pueden acceder a contenido exclusivo a cambio de una tarifa mensual. Esta estrategia ha ganado popularidad con plataformas como Apple Podcasts Subscriptions y Spotify Paid Subscriptions, que permiten a los creadores de contenido ofrecer episodios especiales, series exclusivas o experiencias libres de anuncios a suscriptores de pago.

Este modelo funciona particularmente bien cuando tienes una base sólida de oyentes leales que están dispuestos a pagar por tener acceso a más contenido o a experiencias únicas que no están disponibles en la versión gratuita de tu podcast.

5. Eventos en vivo y merchandising

Los eventos en vivo son otra manera emocionante y rentable de monetizar un podcast. Si tienes una audiencia lo suficientemente grande y comprometida, puedes organizar eventos en vivo donde grabes un episodio frente a una audiencia o donde realices entrevistas, paneles o sesiones de preguntas y respuestas. Estos eventos no solo generan ingresos a través de la venta de entradas, sino que también fortalecen la relación con tu audiencia, ya que les das la oportunidad de conocerte en persona.

Además, durante estos eventos puedes vender merchandising, como camisetas, gorras, pegatinas y otros productos relacionados con tu podcast. El merchandising es una forma efectiva de monetización porque, además de generar ingresos, ayuda a crear una comunidad alrededor de tu programa, con tus oyentes convirtiéndose en embajadores de tu marca.

6. Afiliados y marketing de afiliación

El marketing de afiliación es otra manera de generar ingresos con tu podcast. Este modelo consiste en recomendar productos o servicios a tu audiencia a cambio de una comisión por cada venta realizada a través de tu enlace de afiliado. Para que esta estrategia sea efectiva, es importante que las recomendaciones sean genuinas y relevantes para tu audiencia, ya que de lo contrario podría parecer que solo intentas vender algo sin un verdadero interés en el valor que ofreces.

Las plataformas como Amazon Associates, ShareASale o CJ Affiliate permiten a los podcasters registrarse y obtener enlaces de afiliado para una amplia gama de productos y servicios. Al mencionar estos productos en tus episodios y proporcionar el enlace en las descripciones de los episodios, puedes ganar una comisión cada vez que alguien realice una compra utilizando tu enlace.

La importancia de la autenticidad

Independientemente de las estrategias de monetización que elijas, es fundamental que mantengas la autenticidad y la confianza con tu audiencia. La monetización no debe comprometer la calidad o la integridad de tu contenido. Si los oyentes sienten que te has convertido en un vendedor en lugar de un creador de contenido apasionado, podrías perder su lealtad.

Elige cuidadosamente las marcas, productos o servicios que promueves, asegurándote de que estén alineados con los valores de tu podcast y de tu audiencia. La transparencia es clave: sé claro con tu público sobre tus esfuerzos de monetización y demuéstrales que, aunque estás generando ingresos, tu prioridad sigue siendo ofrecerles contenido de valor.

En conclusión, monetizar un podcast requiere tiempo, esfuerzo y una audiencia leal. No existe una única manera de hacerlo, pero con una combinación de las estrategias mencionadas y un enfoque auténtico y comprometido, es posible convertir tu podcast en una fuente de ingresos sostenible.

10. MANTENTE ACTUALIZADO

El mundo del podcasting, al igual que cualquier otra forma de contenido digital, está en constante evolución. Las tendencias cambian, las tecnologías avanzan y las expectativas de la audiencia se transforman. Si quieres mantener tu podcast relevante y exitoso a lo largo del tiempo, es crucial que te mantengas al día con las novedades y los desarrollos del sector. Quedarse estancado en las mismas estrategias o técnicas puede hacer que tu podcast pierda su atractivo y que, eventualmente, tu audiencia busque algo más fresco y actual.

Mantenerse actualizado no significa solo seguir las últimas tendencias superficiales, sino estar al tanto de las herramientas, las mejores prácticas y las estrategias que están funcionando para otros creadores. A continuación, exploraremos algunas de las áreas clave donde es importante estar siempre en constante aprendizaje y adaptación.

Cambios en las plataformas de podcasting

Las plataformas de podcasting están en continua evolución. Spotify, Apple Podcasts, Google Podcasts y otras plataformas introducen regularmente nuevas características que pueden beneficiar a los creadores. Por ejemplo, algunas plataformas están mejorando sus algoritmos de descubrimiento, lo que significa que ciertos tipos de contenido o ciertos formatos pueden tener más visibilidad que otros en función de las nuevas reglas.

Además, algunas plataformas están comenzando a ofrecer herramientas avanzadas de monetización, como suscripciones pagadas o la posibilidad de incluir anuncios programáticos. Estar al tanto de estos cambios te permitirá aprovechar al máximo las oportunidades disponibles para hacer crecer y monetizar tu podcast.

Para mantenerte informado sobre las novedades de las plataformas, es una buena idea suscribirte a boletines informativos, seguir a expertos del sector en redes sociales o participar en foros y grupos de discusión sobre podcasting.

Nuevas tecnologías y herramientas

El podcasting está intrínsecamente ligado a la tecnología. Desde los micrófonos que utilizas hasta el software de edición, las herramientas que tienes a tu disposición están en constante mejora. Mantenerse al día con las nuevas tecnologías te permitirá mejorar la calidad de tu podcast, optimizar tu flujo de trabajo y, en algunos casos, ahorrar tiempo y dinero.

Por ejemplo, en los últimos años han surgido herramientas de edición basadas en inteligencia artificial que pueden eliminar automáticamente el ruido de fondo, mejorar la calidad del audio y acelerar el proceso de edición. Además, algunas plataformas de alojamiento han comenzado a ofrecer herramientas de análisis avanzadas que te permiten comprender mejor el comportamiento de tu audiencia.

Asistir a conferencias, webinars y eventos de la industria del podcasting es una excelente manera de conocer de primera mano las últimas innovaciones tecnológicas y descubrir qué herramientas pueden ayudarte a mejorar tu podcast.

Cambios en los hábitos de la audiencia

Los hábitos de los oyentes también cambian con el tiempo. Por ejemplo, en los últimos años ha habido un aumento en el consumo de podcasts en formatos de corta duración, ya que muchas personas buscan contenido rápido y accesible para consumir en desplazamientos cortos o durante pequeños descansos. Al mismo tiempo, los podcasts en vivo o las transmisiones en directo han ganado popularidad, ya que ofrecen una mayor interacción con el público.

Estar al tanto de cómo están cambiando los hábitos de tu audiencia te permitirá adaptar tu contenido para satisfacer sus necesidades. Tal vez descubras que tu público prefiere episodios más breves y concisos, o que están interesados en participar en eventos en vivo o transmisiones interactivas. La clave es ser flexible y estar dispuesto a experimentar con nuevos formatos y enfoques según las preferencias de quienes te escuchan.

Nuevas tendencias de contenido

Las tendencias de contenido en el mundo del podcasting también cambian con el tiempo. Algunos temas que eran populares hace unos años pueden haber perdido relevancia, mientras que otros están en auge. Por ejemplo, en un momento dado, los podcasts sobre desarrollo personal o emprendimiento pueden haber dominado el panorama, pero luego podrían emerger nuevas áreas de interés, como los podcasts narrativos de ficción o los programas centrados en la sostenibilidad y el medio ambiente.

No significa que debas cambiar radicalmente el tema de tu podcast cada vez que una nueva tendencia aparezca, pero estar al tanto de lo que está en auge te permitirá integrar nuevas ideas o enfoques en tu contenido, manteniéndolo fresco y atractivo.

La importancia de la formación continua

El aprendizaje nunca termina, especialmente en un sector tan dinámico como el del podcasting. Dedica tiempo a tu formación continua, ya sea asistiendo a cursos, leyendo libros, viendo tutoriales o participando en conferencias. Existen numerosas fuentes de aprendizaje en línea, como plataformas de cursos (Udemy, Coursera, etc.), podcasts sobre podcasting y blogs especializados que ofrecen consejos y estrategias para mejorar.

Cuanto más inviertas en tu formación, más preparado estarás para enfrentar los desafíos del futuro y más herramientas tendrás para seguir creciendo como creador de contenido. Además, la formación continua te permite mantener la motivación alta y la creatividad en marcha, lo cual es esencial para seguir produciendo contenido de calidad a largo plazo.

La comunidad del podcasting

Mantenerse actualizado no solo se trata de leer o aprender de manera individual, sino también de conectarse con otros creadores. La comunidad del podcasting es grande y activa, y es una excelente fuente de información, inspiración y apoyo. Participar en grupos de discusión, foros o redes profesionales te permitirá compartir experiencias, aprender de los errores y éxitos de otros, y descubrir nuevas ideas.

Además, construir relaciones con otros podcasters puede abrirte puertas a colaboraciones, entrevistas y oportunidades de crecimiento que de otro modo no habrías encontrado. Nunca subestimes el poder del networking en el mundo del podcasting.

El futuro del podcasting

Por último, es importante mantener un ojo en el futuro. Aunque es imposible predecir con certeza hacia dónde se dirigirá el podcasting, estar atento a las señales emergentes te permitirá prepararte para los cambios que están por venir. Por ejemplo, la integración del podcasting con tecnologías de inteligencia artificial, realidad aumentada o asistentes de voz (como Alexa o Google Home) podría cambiar radicalmente la forma en que los oyentes descubren y consumen contenido en los próximos años.

Mantente curioso y abierto a la experimentación. El podcasting es un medio que está en constante crecimiento y evolución, y aquellos que se mantengan al tanto de las novedades estarán en una mejor posición para aprovechar las oportunidades que surjan.

11. CONCLUSIÓN

El viaje del podcasting es emocionante, pero también está lleno de desafíos. No se trata solo de grabar y publicar episodios; implica una mezcla de creatividad, estrategia, paciencia y, sobre todo, pasión. El éxito en el mundo del podcasting no llega de la noche a la mañana, pero con dedicación y el enfoque correcto, puedes construir algo que no solo te satisfaga a ti, sino que también tenga un impacto significativo en tu audiencia.

A lo largo de este libro hemos explorado los elementos clave para crear un podcast exitoso: desde la importancia de un buen contenido hasta la necesidad de una buena calidad de audio, pasando por la autenticidad, la constancia, la promoción y la monetización. También hemos destacado la relevancia de medir los resultados, mantenerse actualizado y nunca dejar de aprender y mejorar.

El poder de la voz

El podcasting tiene un poder único: tu voz puede llegar a miles, incluso millones de personas, influyendo en sus vidas de maneras que quizás ni siquiera imaginas. La intimidad que se crea a través de un podcast es inigualable, porque los oyentes te llevan con ellos, te escuchan en momentos de tranquilidad o mientras realizan sus actividades cotidianas. Tienes la oportunidad de crear un vínculo profundo y significativo con tu audiencia, y eso es algo que no se debe tomar a la ligera.

Aprovecha este poder de manera responsable, brindando contenido que no solo sea entretenido, sino que también aporte valor. Ya sea que estés compartiendo historias, conocimientos o simplemente reflexionando sobre temas importantes, recuerda que cada palabra tiene el potencial de generar un cambio en quienes te escuchan.

La importancia de la persistencia

Si hay una lección que debes llevar contigo después de leer este libro, es que la persistencia es clave. Muchos podcasters abandonan sus proyectos demasiado pronto, frustrados porque no ven resultados inmediatos. Pero el éxito en el podcasting, como en cualquier otro ámbito creativo, es un maratón, no una carrera de velocidad. Los grandes podcasts no se construyen en un día; requieren tiempo, esfuerzo y mucha paciencia.

No te desanimes si los resultados tardan en llegar. Sigue mejorando, ajustando tu estrategia y, sobre todo, disfrutando del proceso. Si amas lo que haces, si sientes pasión por los temas que tratas, esa pasión se transmitirá a tu audiencia y eventualmente atraerá a las personas correctas.

El futuro está en tus manos

El mundo del podcasting está en constante evolución, y las oportunidades son infinitas. Tanto si decides seguir creciendo dentro de un nicho específico como si exploras nuevas formas de contenido, el futuro de tu podcast depende de ti. No hay límites a lo que puedes lograr si te mantienes enfocado, creativo y comprometido con tu audiencia.

Recuerda siempre el motivo por el que comenzaste este viaje. Mantén viva esa pasión y usa los conocimientos que has adquirido para crear algo único y valioso. No importa si tu podcast llega a cientos o a millones de personas; lo importante es que logres conectar con aquellos que más lo necesitan y que tu contenido deje una huella en sus vidas.

El podcasting es una forma de arte, una herramienta poderosa para comunicar y compartir ideas. Si estás listo para seguir adelante, el éxito solo será cuestión de tiempo. ¡Adelante!

www.ingramcontent.com/pod-product-compliance
Lightning Source LLC
Chambersburg PA
CBHW070948220526
45471CB00007B/2945